# 孤高のことば

強く生きる名言88

萱野稔人 監修

東京書籍

## 監修者より

孤独になるのはとても勇気のいることだ。

とくに現代は、家に引きこもっていたってネットなどで他人とつながっていられる時代である。孤独を避けようと思えばいくらでも避けられる。つながりがことさら重視されるようになり、孤独でいると本人に何か問題でもあるんじゃないかとさえ疑われるようになってしまった。

もともと人間は完全に一人で生きていけるほど強い生き物ではない。

自然の厳しさのなかで生き延びるために、人類は集団で行動する習性を発達させてきた。そこでは集団からはぐれることはそれこそ死を意味する。そのうえ私たちは他人からほめられたり認められたりすることが大好きだ。他人からの評価によって自分の存在価値を測ってしまう、人間の悲しい性《さが》がそこにはある。

だが、どれほど人間は一人では生きていけないとしても、自分のことに責任をとれるのは最終的には自分だけだ。

周囲の人たちに必死に迎合して、自分の労力と時間をささげても、誰からも評価されないこともあれば、冷遇されてしまうことだってある。それでも、失った時間や労力は誰も返してはくれない。周囲との関係を維持するだけのために自分がいかに多くのものを犠牲にしても、それを引き受けるのは自分しかないのだ。

だから私たちは、少しぐらいは集団にのまれずに生きていきたい、他人の評価にばかり振り回されないようにしたい、と願う。つながりが常に求められる現代では、その願いはますます切実だ。

でも、それには勇気がいる。孤独になることはやはり怖いからだ。

そんなときは先人たちのことばに耳を傾けよう。孤独にどう向き合うか、他人からの身勝手な評価にどう動じずにいられるか、ということについて先人たちは多くのことばを残している。

それだけ先人たちも苦悩していたということだ。彼らは歴史のなかで名を残した人たちであり、私たちからみれば完全に雲の上の存在だけど、それでも私たちと同じような苦悩を抱えていたのである。

そのことが私たちに勇気を与えてくれる。自分の存在を自分で支えるための、ことばの力とは何かということを私たちに教えてくれるのである。

萱野稔人
哲学者・津田塾大学教授

## はじめに

私たちが生活する現代の社会は、パソコンのみならずスマートフォンやタブレット端末が広く普及したこともあり、Facebook、Twitter、LINEなど、いわゆるSNSによって、相互に情報を発信し合い、情報を共有し、様々なコミュニティに所属できる、とても便利で親密な情報環境にあります。それは、いつでもどこでも「つながる」ことが出来る社会と時代と言い換えられると思います。

その一方で、近年、「SNS疲れ」ということばも生まれてきました。いろいろな人と事に気を遣う、密度が高く複雑なコミュニケーションに対して時間と精神的なリソースを大きく割くことにストレスを感じる人が増えてきているのかもしれません。

かといって、そんな情報環境から距離を置こうと思っても、現実にはよほど強い意志や条件が揃わない限り難しい。現代は「つながらずに生きること」が困難な時代だといえます。

『孤高のことば——強く生きる名言88』は、そんな便利で親密な情報環境で「つながる」がゆえに、疲れや生きづらさを感じている人、情報の渦や同調を迫る空気に抗いたくなる人、コミュニケーションの呪縛から逃れたくなる人たちに向けて贈る名言集です。様々な分野で何か一つのことを成し遂げた人物（作家・哲学者・思想家・詩人・芸術家など）が残した88のことばを、テーマごとに三つの章に振り分けて写真とともに紹介しています。

各章に含まれることばのテーマは主に以下の通りです。

「一人と運命」の章では、人間のおかれた運命を積極的に引き受けることば

「芸術と創造」の章では、孤独と才能と創造性に関することば

「自己と他者」の章では、他人と自分とのかかわりに関することば

社会に馴染めなくても、自分と向き合い強く生きて、人類史に大きな足跡を残した人物たち——。そんな彼らが発した「魂の叫び」の数々を通じて、「一人でもいい」という選択肢を肯定することから新しい自由とより風通しのよいコミュニケーションが生まれるのではないでしょうか。そのことを、本書で提案したいと考えています。

東京書籍編集部

目次

# 一人と運命

# 去る者は去れ

アレクサンドロス大王

孤独を
愛する者は
野獣だ。
そうでなければ
神だ

アリストテレス

自らを
尊しと思わぬものは
奴隷なり

夏目漱石

孤独は、人のふるさとだ

坂口安吾

人は正しく堕ちる道を
堕ちきることが必要なのだ。
…(中略)…
堕ちる道を堕ちきることによって、
自分自身を発見し、
救わなければならない

坂口安吾

独りでいられない
ということから、
あらゆる不幸が
生まれる

ラ・ブリュイエール

人は人
吾《われ》はわれ也
とにかくに
吾《わが》行く道を
吾《われ》は行くなり

西田幾多郎

人生とは孤独そのものだ

ヘルマン・ヘッセ

必要なのは孤独、
大いなる内的な孤独だけだ

ライナー・マリア・リルケ

人は誰もが、
己の生を独りで生き、
己の死を独りで死ぬものだ

イエンス・ペーター・ヤコブセン

独りで歩め。
悪いことをするな。
求めるところは少なくあれ。
林の中の象のように

釈迦

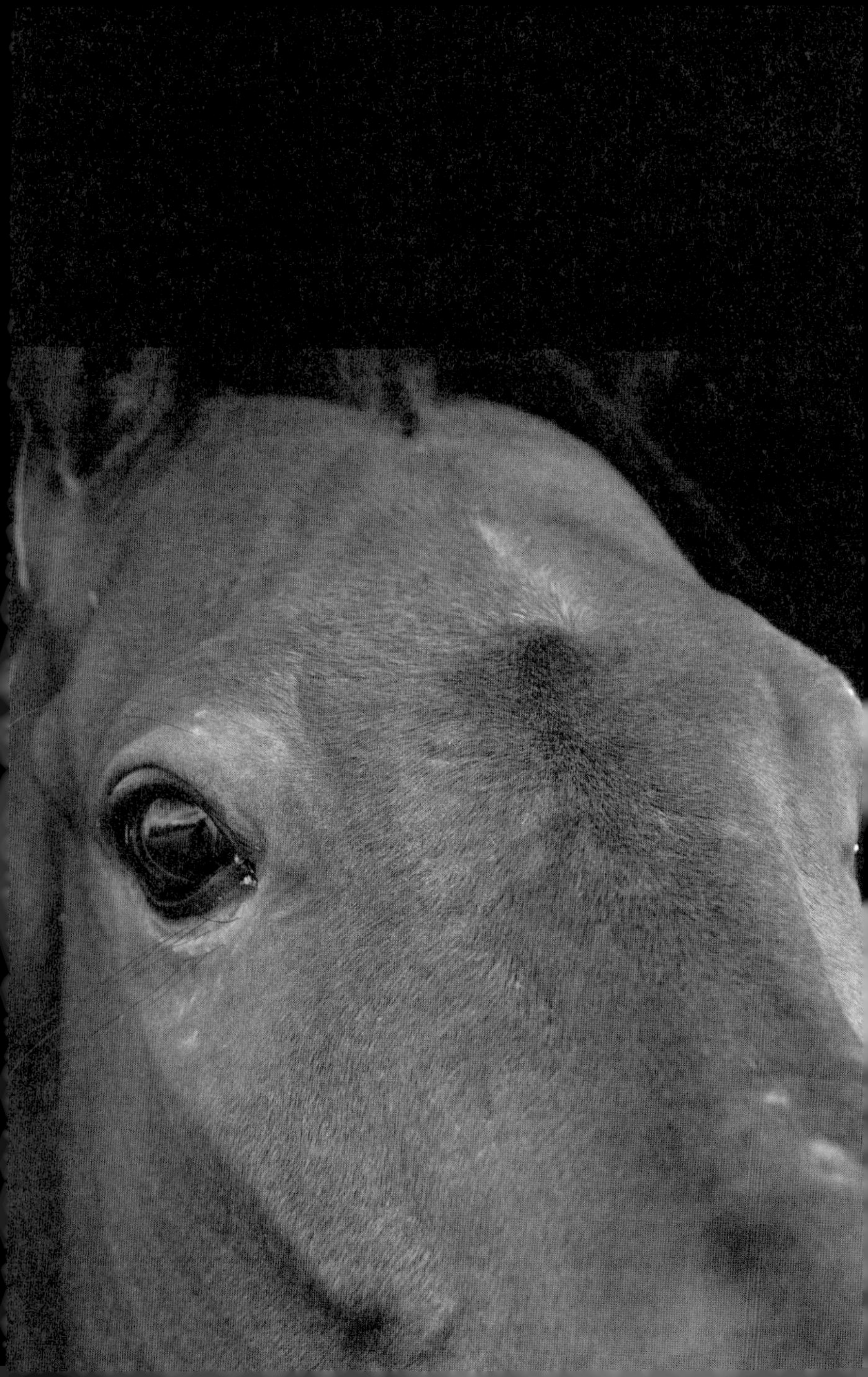

まずは大胆に自分自身を
信じることだ。
自分自身を
信じない者の言葉は
常に嘘になる

フリードリヒ・ヴィルヘルム・ニーチェ

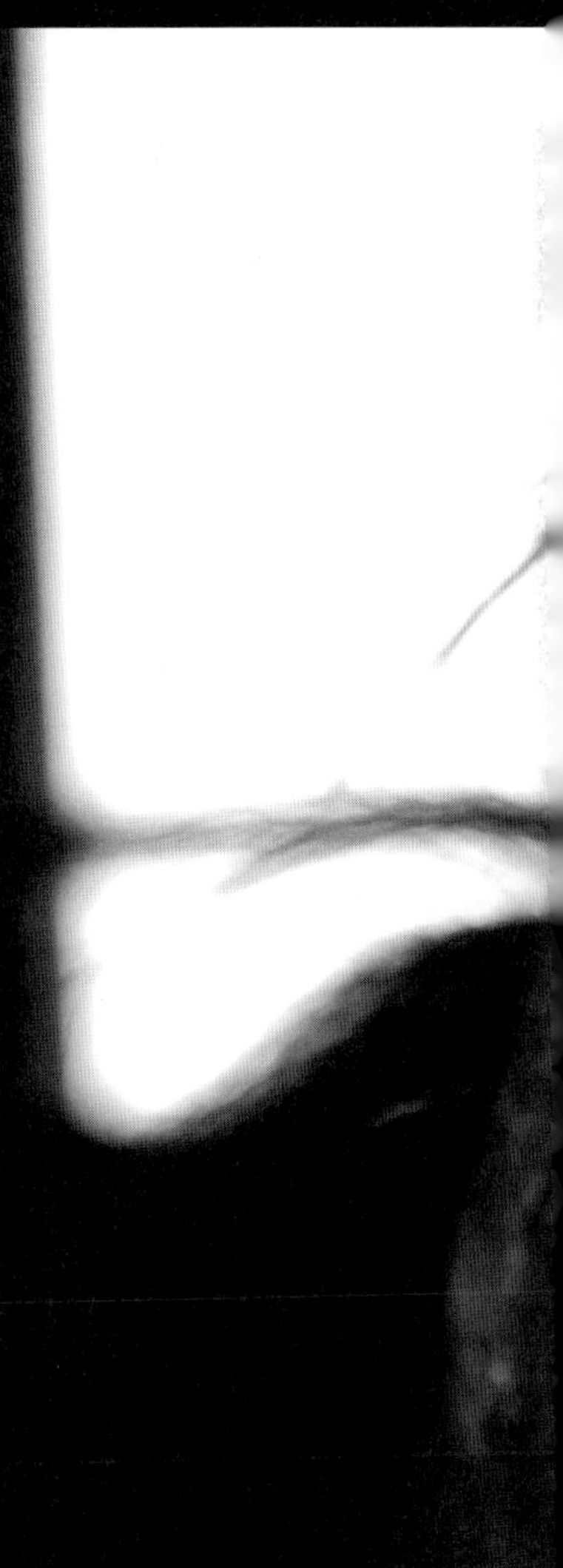

いつまでも続く不幸は
存在しない。
じっと我慢するか、
勇気を出して追い払うかの
いずれかである

ロマン・ロラン

闇があるから光がある。
そして闇から出てきた人こそ、
一番本当に光の有難さが
分かるんだ

小林多喜二

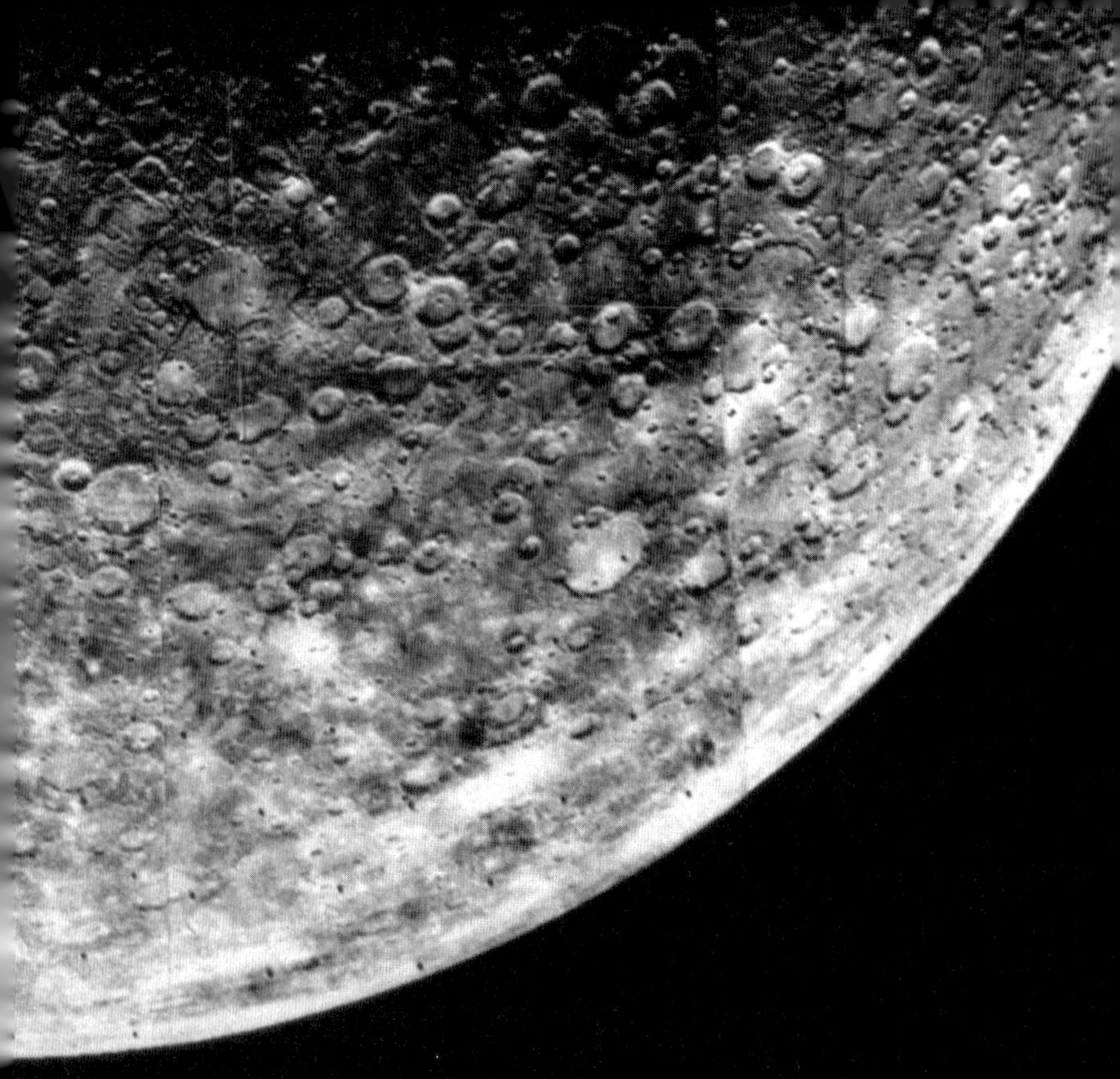

こんなよい月を
ひとりで見て寝る

尾崎放哉

孤独——
訪ねるには
良い場所だが、
滞在するには
寂しい場所だ
ヘンリー・ショー

涙とともにパンを食べた
ことのある者でなければ、
人生の本当の味は分からない

ヨハン・ヴォルフガング・フォン・ゲーテ

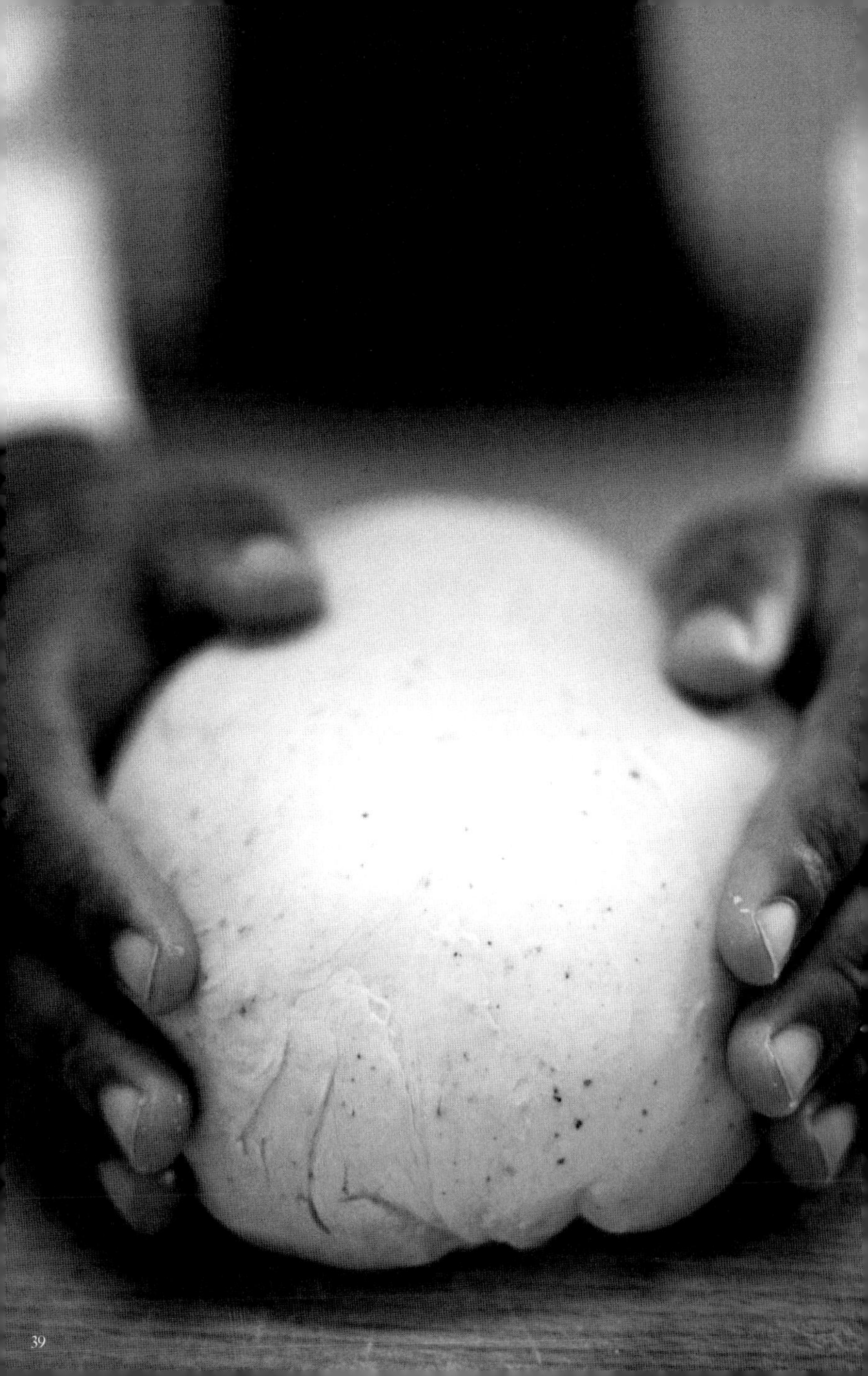

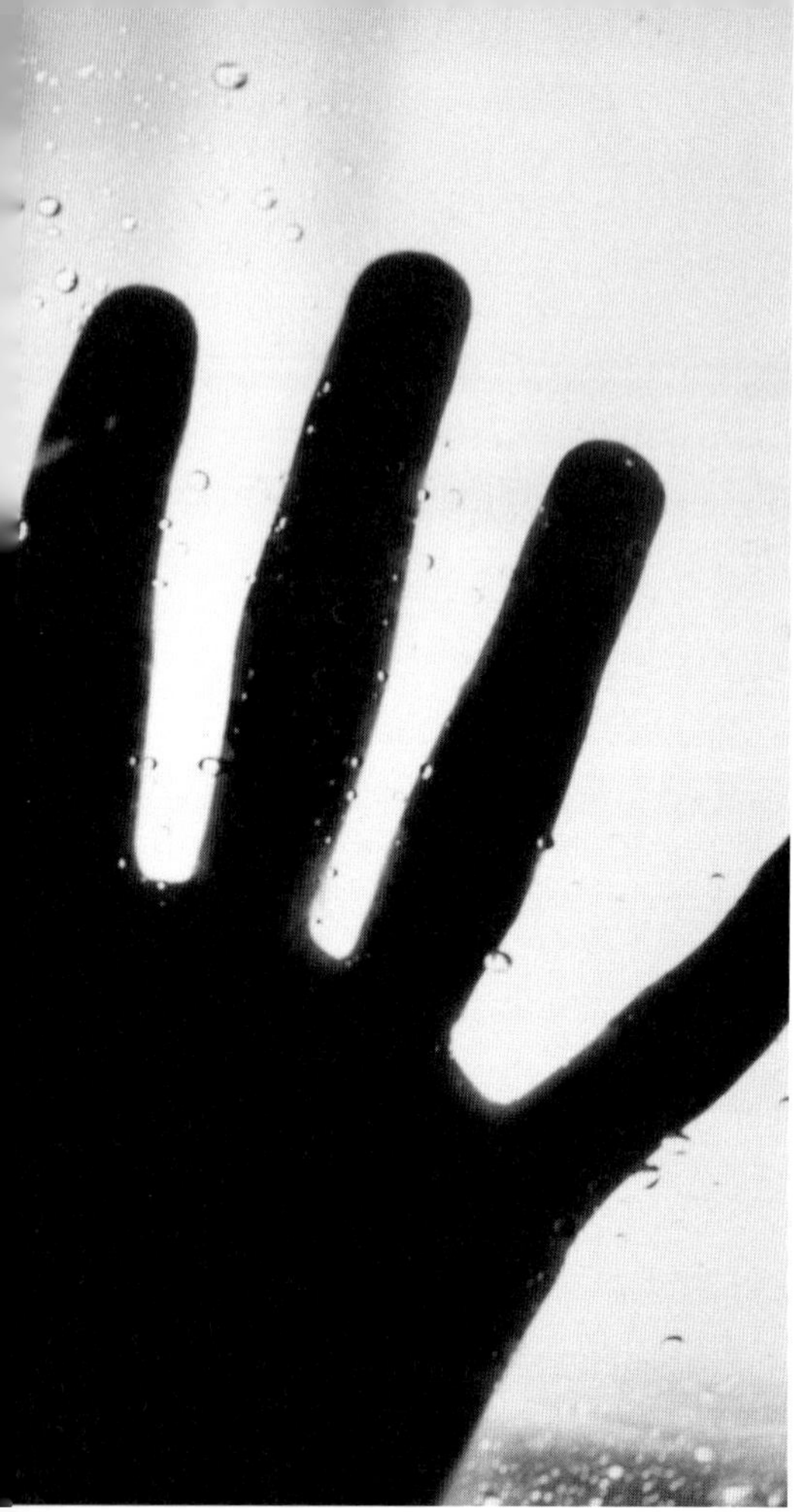

孤独な者は
自分の掌を
見つめることにすら、
熱い涙を
さそわれるのでは
ないか

有島武郎

人間は
努力をする限り
迷うものだ

ヨハン・ヴォルフガング・フォン・ゲーテ

自分自身の魂の中よりも
平和で静かな隠れ家はない

マルクス・アウレリウス・アントニヌス

高く登ろうと思うなら、
自分の脚を使うことだ！
高いところへは、
他人によって
運ばれてはならない

フリードリヒ・ヴィルヘルム・ニーチェ

# せきをしてもひとり

尾崎放哉

君が笑えば、
世界は君とともに笑う。
君が泣けば、
君は独りきりで泣くのだ

エラ・ウィーラー・ウィルコックス

雨は一人だけに
降り注ぐわけではない

ヘンリー・ワーズワース・ロングフェロー

# 各自は自己の運命の責任者である

アッピウス・クラウディウス・カエクス

14

断じて行えば
鬼神も
これを避く

『史記』

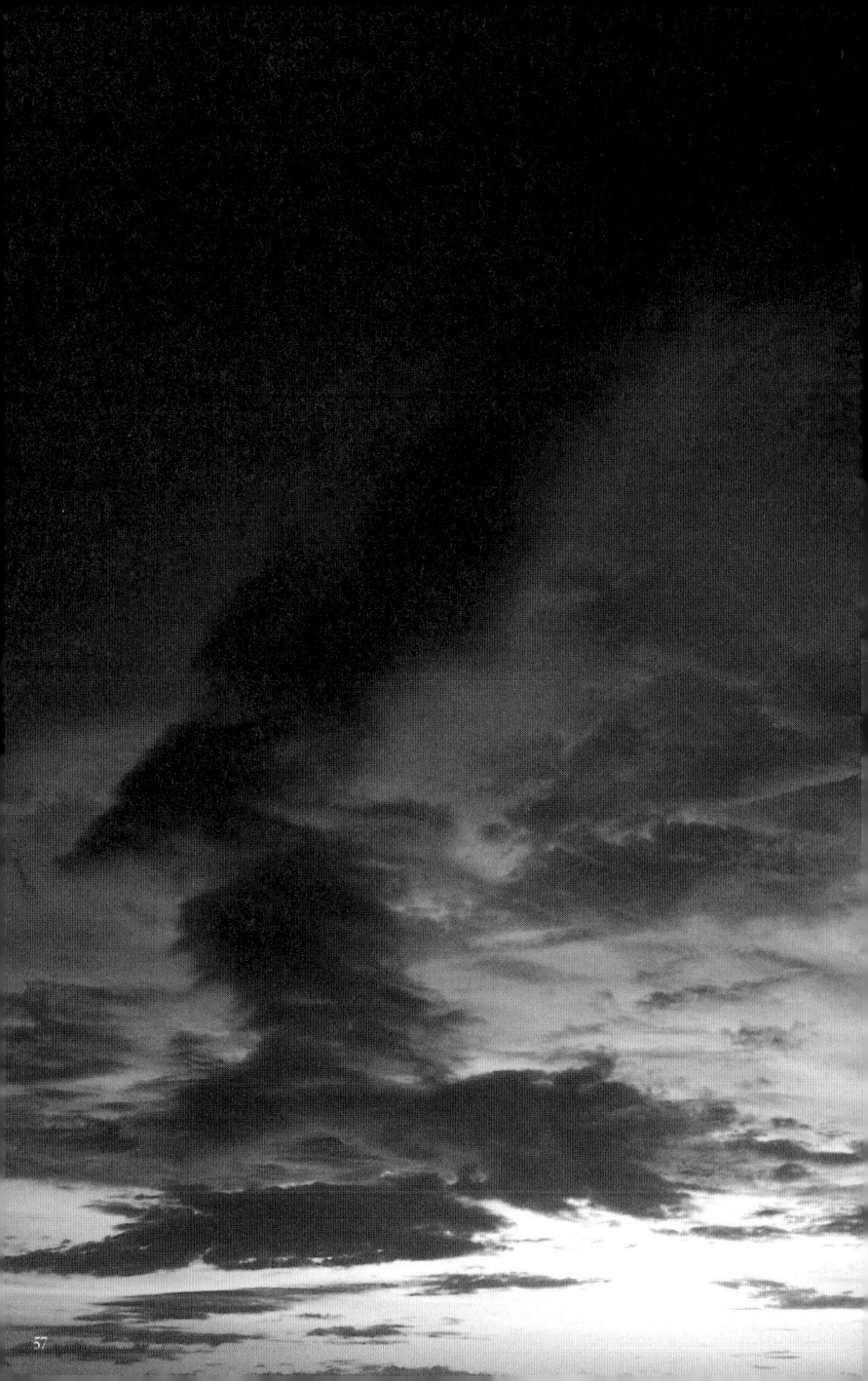

人生の競技場に
踏みとどまりたいと
思うものは
創痍を恐れずに
闘わなければならぬ

芥川龍之介

私の背中をかくには私の爪しかなく、
私を運ぶには私の足しかない

ベルベル人の言葉

ごまかして
成功するよりも
堂々と
失敗するほうがましだ

ソフォクレス

# 隠れて生きよ

エピクロス

# 芸術と創造

# 自力でやれ

伊藤博文

われは孤独である。
われは自由である。
われはわれ自らの
王である

イマヌエル・カント

# 天は自ら助くる者を助く

サミュエル・スマイルズ

自分が決めた道を
歩き続けなくてはいけない。
何もせず、何も学ばず、
何も探求しなければ、
道に迷ってしまう

フィンセント・ファン・ゴッホ

最高のものを
求める人は、
常にわが道を行く

ロバート・ハーメルリング

険しい道こそが
偉大なる
高みへと
通じている

ルキウス・アンナエウス・セネカ

77

天才は
誰にも見えない
的を射る

アルトゥル・ショーペンハウエル

孤独は天才が通う
学校である

エドワード・ギボン

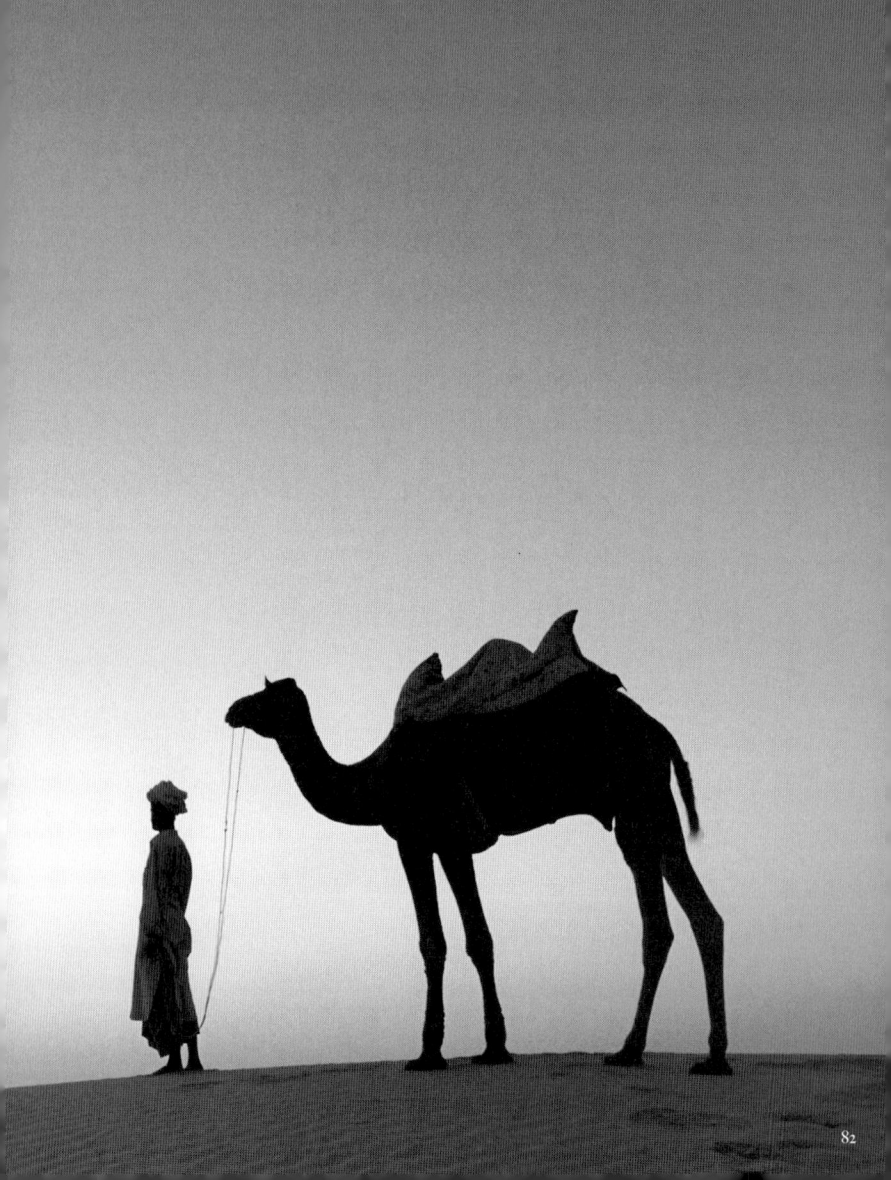

理想的な人間とは、
最大の沈黙と孤独の中に
最強の活動力を見いだす
人物である

スワミ・ヴィヴェーカーナンダ

正しい人間になれ。
そうすれば
孤独になれる

マーク・トゥエイン

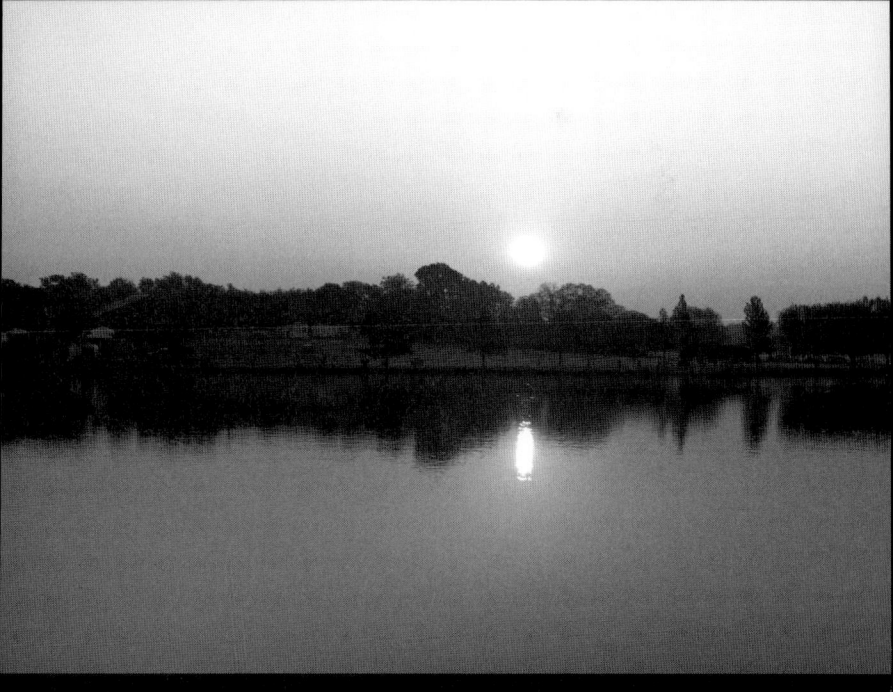

寂しがらないやつは、
神経の鈍いやつか、
そうでなければ、
神経をぼかして
世を渡っているやつだ

森鷗外

苦悩を突き抜けて歓喜にいたれ

ルートヴィヒ・ヴァン・ベートーヴェン

我々はみな真理のために
戦っている。
だから孤独で寂しい。
でも、だからこそ強くなれるのだ

ヘンリック・ヨハン・イプセン

天才は常に孤立して生まれ、
孤独の運命を持つ

ヘルマン・ヘッセ

誠の芸術家にとって、
世間からきらわれることは
一つの誇りだ

岸田劉生

正しく
振る舞っても
そしりを受けるのが、
王者の宿命である

アンティステネス

改革者は、
誰もが独り者だ

ジョージ・アウグストゥス・ムーア

憂鬱は
天才の分け前だ

**マルクス・トゥリウス・キケロ**

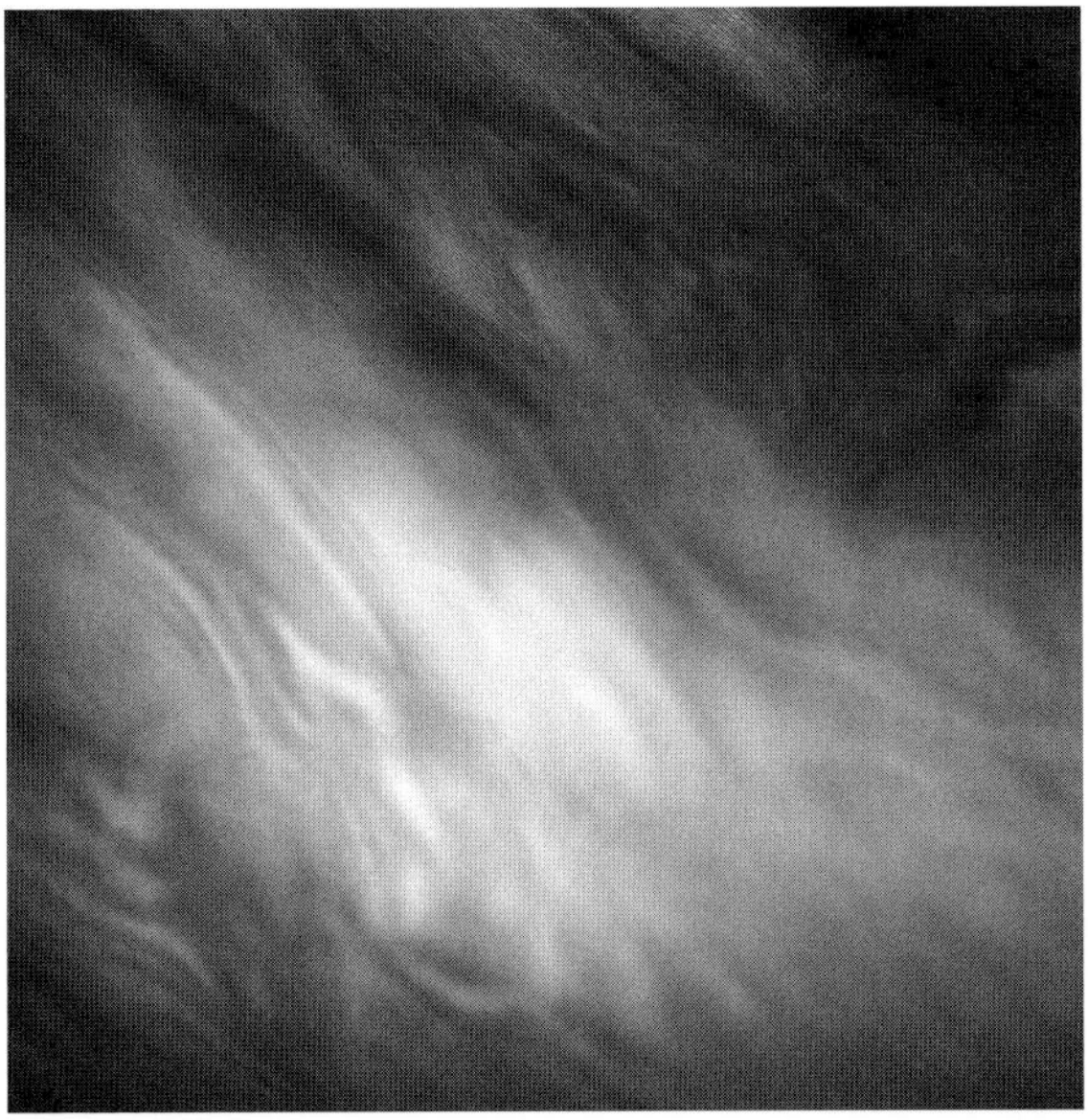

危険を冒さずに
勝っても、
そこに栄光はない

ピエール・コルネイユ

# 不運は天才の産婆だ

ナポレオン・ボナパルト

正しい判断力のある人は、
太陽の持つ輝きはなくても、
星のように不動だ

フェルナン・カバリェーロ

天才とは
偉大な忍耐の才能に
ほかならない

ジョルジュ＝ルイ・ルクレール・ド・ビュフォン

何かをしたい者は
手段を見つけ、
何もしたくない者は
言い訳を見つける

アラビア人の言葉

迫害を受けなかった
天才はいない

ヴォルテール

孤独は
卓越した精神の
持ち主の
運命だ

アルトゥル・ショーペンハウエル

平凡なことを
毎日に平凡に続ける。
これを非凡と呼ぶ

アンドレ・ジッド

人生において最も
大事なのは、
人生そのものを
芸術化することだ

オスカー・ワイルド

# 自分の持ち船を漕げ

ギリシャ人の言葉

# 自己と他者

よく生きることが
最大の復讐だ

ジョージ・ハーバート

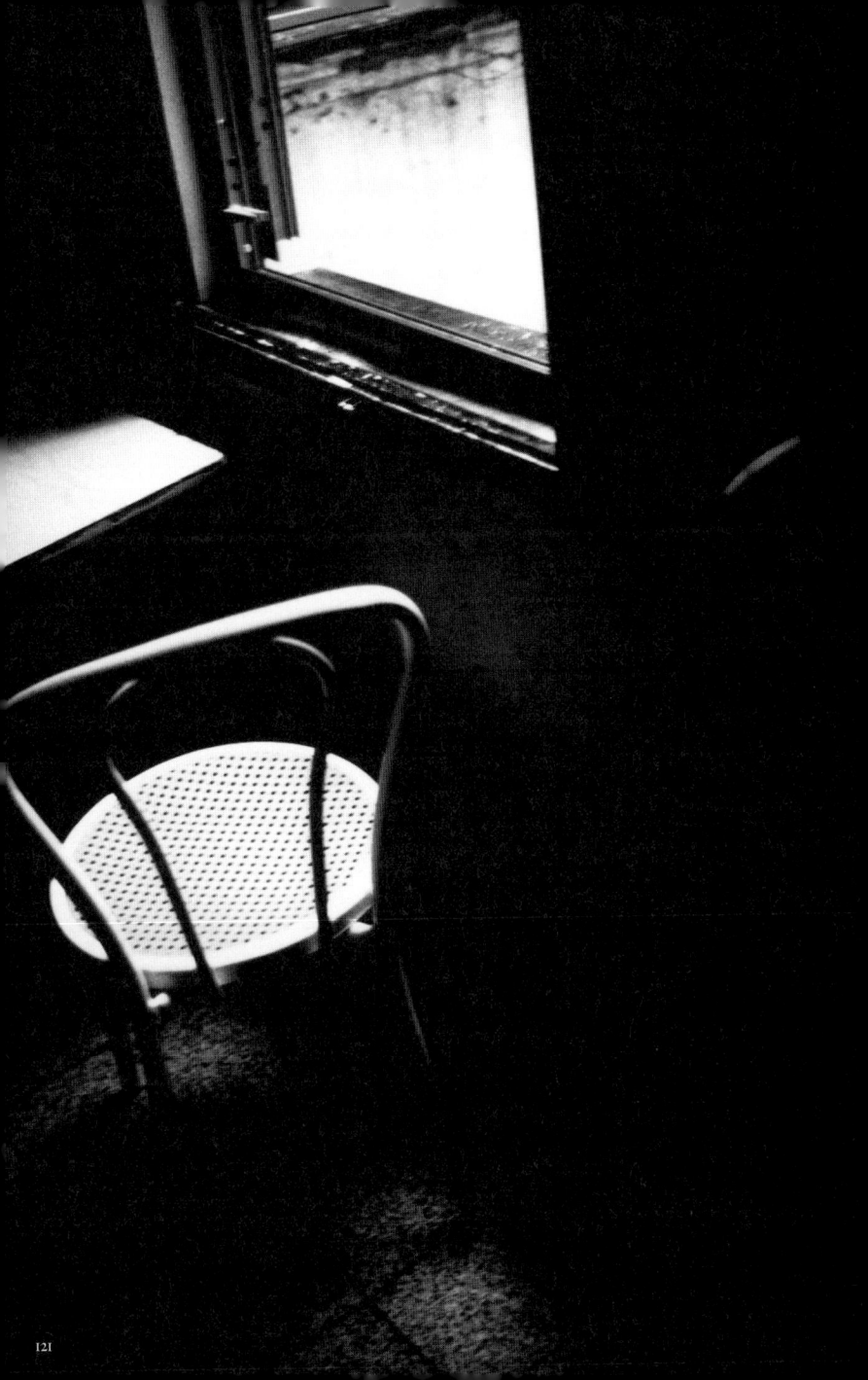

偉大である
ということは
誤解される
ということだ

ラルフ・ワルド・エマーソン

あなたのことを
人が悪く言う。
それが真実なら
直せばいい。
それが間違いなら
ただ笑えばいい

エピクテトス

# 批評は人の自由、行蔵《身の振り方》は我に存す

勝海舟

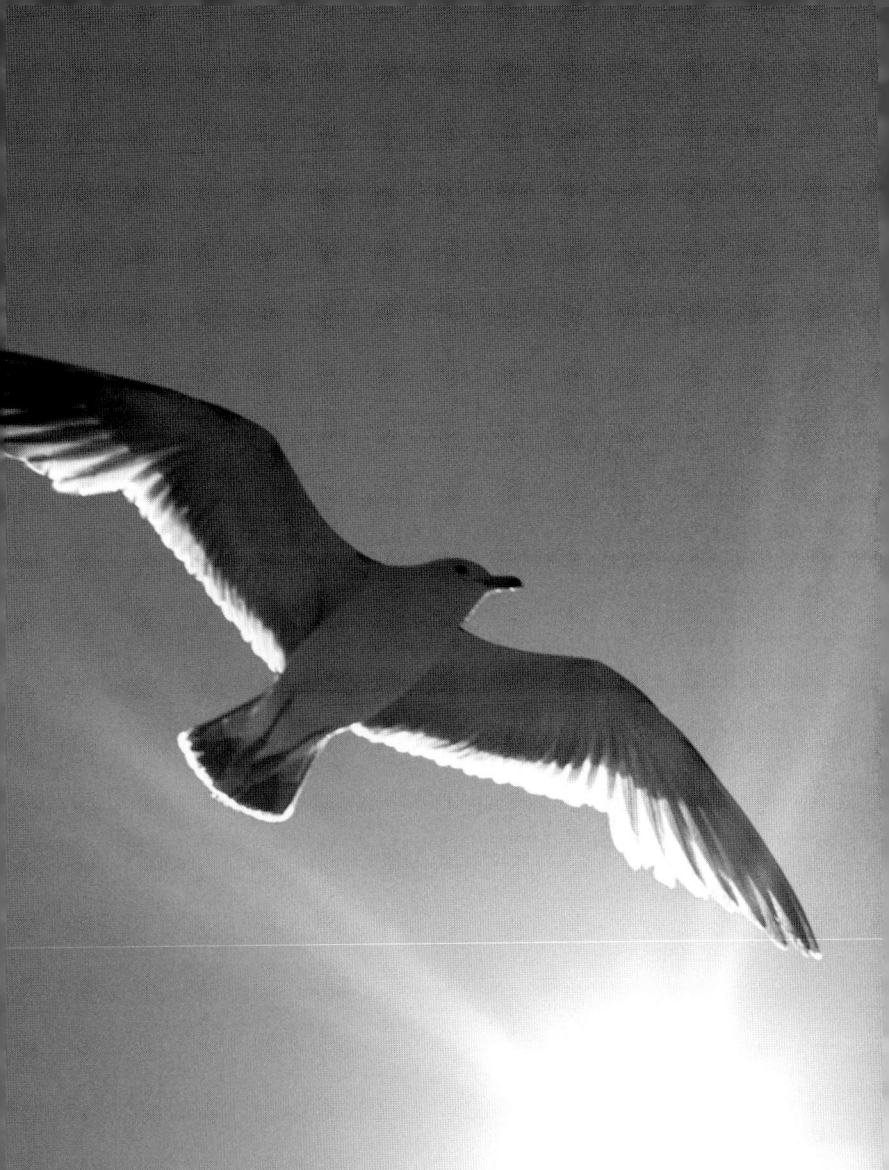

ひたすら自分の道を進め。
人には勝手なことを
言わせておけばいい

ダンテ・アリギエーリ

# 人を相手とせず
# 天を相手とせよ

西郷隆盛

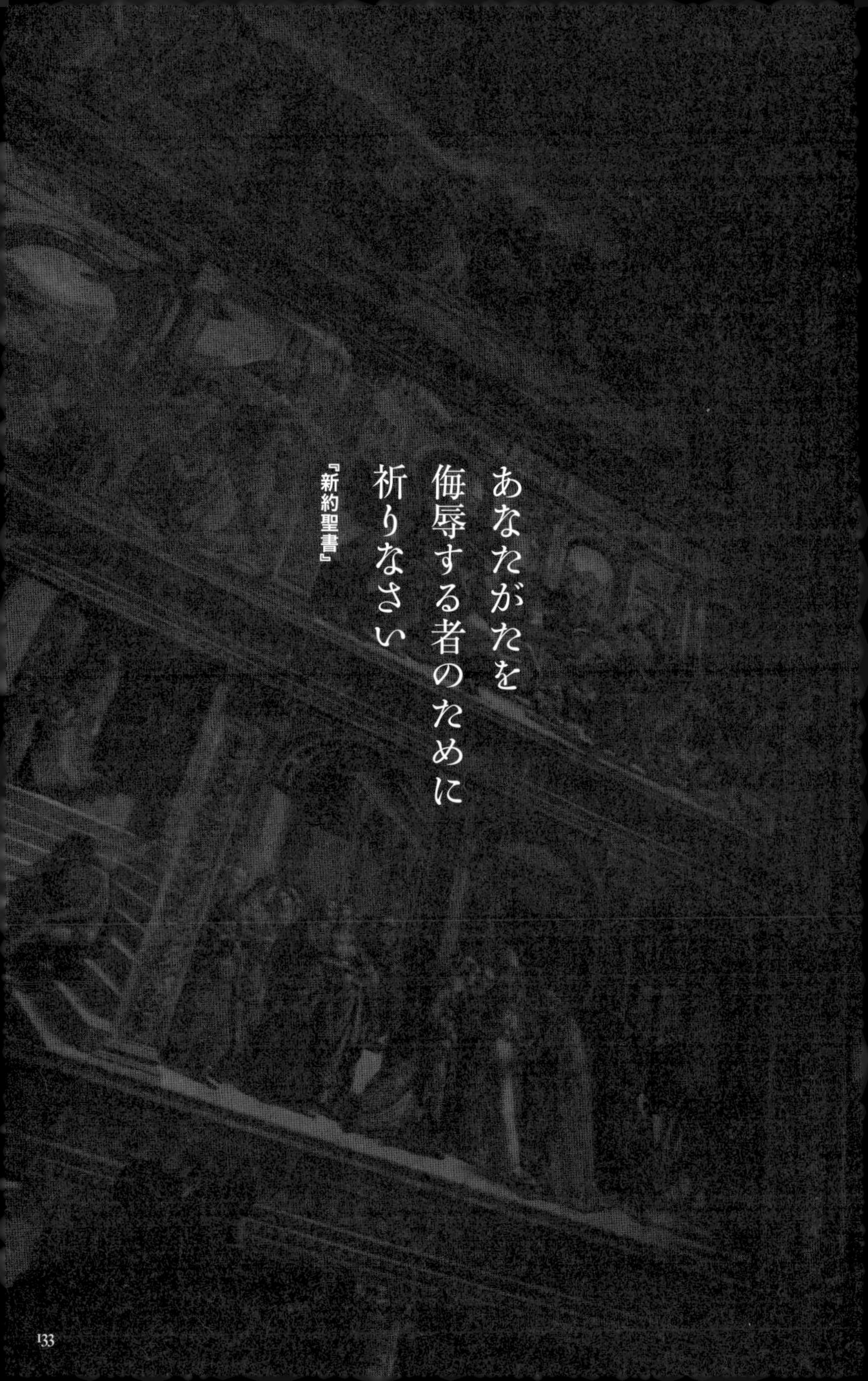

あなたがたを
侮辱する者のために
祈りなさい

『新約聖書』

呑気と見える人々も、
心の底を叩いて見ると、
どこか悲しい音がする

夏目漱石

真の友は
ともに孤独である

アベル・ボナール

人至って賢くなれば
友なし

孔子

君子は和して同ぜず、
小人は同じて和せず

孔子

如才なく振舞いさえしたら
万人に嫌われずにすむであろう。
しかしついに一人からも
愛されずに終るであろう

岸田劉生

孤独は山になく、街にある。
一人の人間にあるのではなく、
大勢の人間の
「間」にあるのである

三木清

誰も知っている人のいない
人込みの中をかき分けて
いくときほど、孤独を
感じることはない

ヨハン・ヴォルフガング・フォン・ゲーテ

我々の悪徳はすべて、
独りでいることが
できないところから生じる

ラ・ブリュイエール

人間ほど
非社交的で
社交的なものはない。
その不徳によって
互いに集まり、
その天性によって
互いを知る

シャルル・ボードレール

怒る時に怒らなければ、
人間の甲斐がありません

太宰治

日の光を借りて照る
大いなる月たらんよりは、
自ら光を放つ
小さな灯火たれ

森鷗外

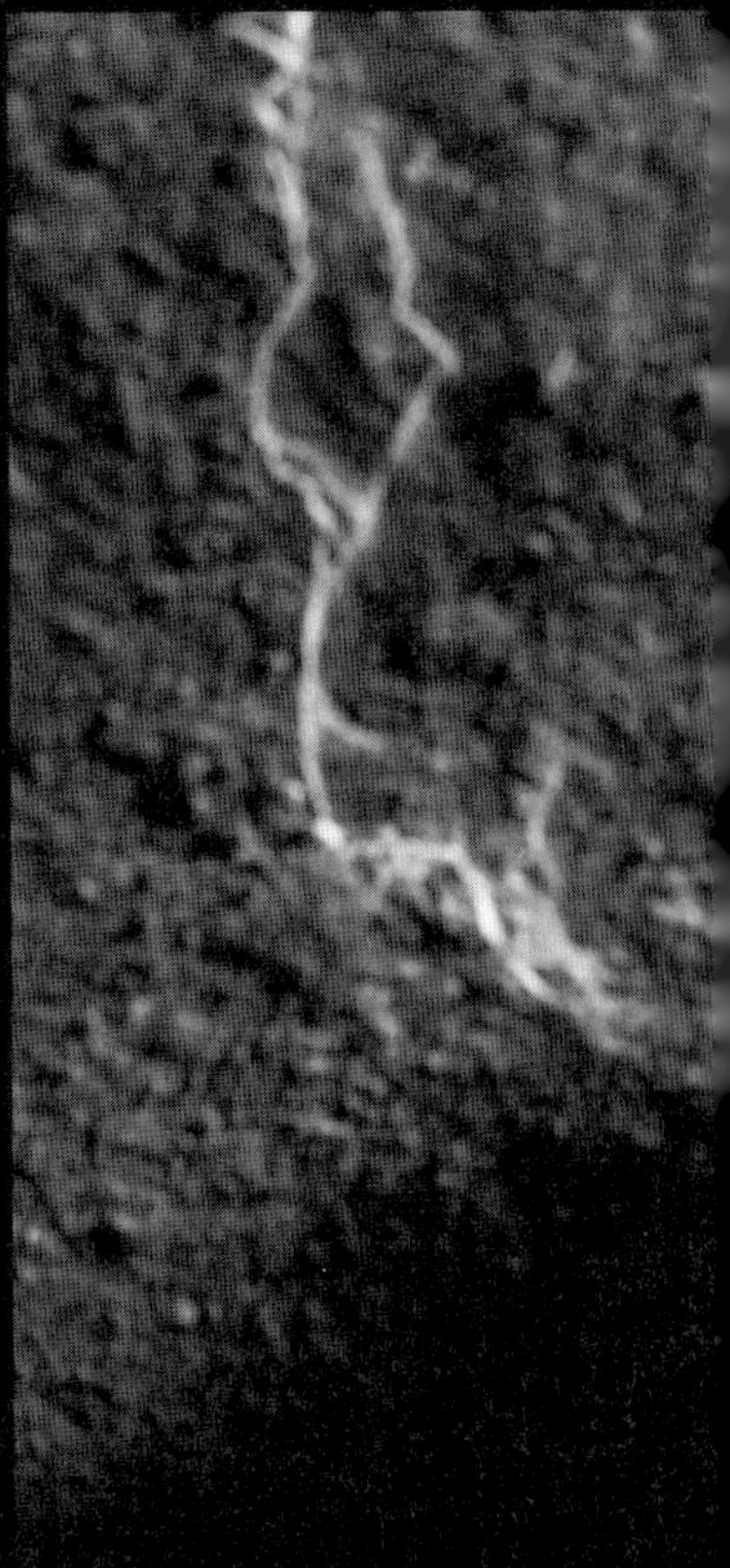

志を遂げるのが困難なのは、
誰かに勝てないからではない。
自分自身に勝てないからだ

韓非子

真の勇気とは、
人々の目の前でできたことを
自分一人のときにも
できるということだ

フランソワ・ド・ラ・ロシュフコー

他人と比較して
ものを考える習慣は、
致命的な習慣である
バートランド・ラッセル

大いなる都会には、
大いなる孤独がある

ストラボン

人間嫌いな者は正直である。
だからこそ人間嫌いになるのだ

ジラルダン夫人

私は誰とも争わなかった。
争う価値のある人が
いなかったからだ

ウォルター・サヴィジ・ランドー

樹木は
風に吹かれて
強くなる

ルキウス・アンナエウス・セネカ

孤独ほど
付き合いやすい
仲間はいない

ヘンリー・デイヴィッド・ソロー

# ねたみは栄光に
# つき添う

コルネリウス・ネポス

幾山河越えさり行かば
寂しさのはてなむ国ぞ
今日も旅行く

若山牧水

笑われて、
笑われて、
つよくなる

太宰治

まっすぐな道でさみしい

種田山頭火

## 名言の発言者（及び出典）リスト（番号はページ）

※現代的仮名遣い、あるいは部分的に意訳した場合がある

9 アレクサンドロス大王の伝承
10 アリストテレス『政治学』より
12 夏目漱石の言葉
14 坂口安吾『恋愛論』より
15 坂口安吾『堕落論』より
17 ラ・ブリュイエール『人さまざま』より
19 西田幾多郎『遺墨集』より
21 ヘルマン・ヘッセ『孤独者の音楽』より
22 ライナー・マリア・リルケ『若き詩人への手紙』より
25 イエンス・ペーター・ヤコブセン『マリー・グルッベ夫人』より
27 釈迦『法句経』より
29 フリードリヒ・ヴィルヘルム・ニーチェ『ツァラトゥストラはこう言った』より
30 ロマン・ロランの言葉
32 小林多喜二『書簡集』より
34 尾崎放哉の言葉
36 ヘンリー・ショーの言葉
38 ヨハン・ヴォルフガング・フォン・ゲーテ『ヴィルヘルム・マイスターの修業時代』より
40 有島武郎『惜みなく愛は奪う』より
42 ヨハン・ヴォルフガング・フォン・ゲーテ『ファウスト』より
45 マルクス・アウレリウス・アントニヌス『自省録』より
47 フリードリヒ・ヴィルヘルム・ニーチェ『ツァラトゥストラはこう言った』より
49 尾崎放哉の言葉
50 エラ・ウィーラー・ウィルコックス『情熱の詩』より
53 ヘンリー・ワーズワース・ロングフェロー『バラッドとその他の詩』より
54 サルスティウス『秩序ある共和国』より
56 司馬遷『史記』より
59 芥川龍之介『侏儒の言葉』より
60 ベルベル人の言葉
61 ソフォクレス『ピロクテーテス』より
63 エピクロス『教説と手紙』より
66 伊藤博文『伊藤博文直話』より
69 イマヌエル・カントの言葉
70 サミュエル・スマイルズ『自助論』より
73 フィンセント・ファン・ゴッホ『ゴッホの手紙』より
74 ロバート・ハーメルリング『恩恵と愛』より
76 ルキウス・アンナエウス・セネカ『ルキリウスへの倫理的書簡』より
79 アルトゥル・ショーペンハウエル『意志と表象としての世界』より
80 エドワード・ギボン『ローマ帝国衰亡史』より
83 スワミ・ヴィヴェーカーナンダ『カルマ・ヨーガ』より
84 マーク・トゥエイン『赤道に沿って』より
86 森鷗外『青年』より
88 ロマン・ロラン『ベートーヴェンの生涯』より
90 ヘンリック・ヨハン・イプセン『民衆の敵』より

91 ヘルマン・ヘッセ『ゲーテとベッティーナ』より
93 岸田劉生『美の本体』より
94 エピクテトス『語録』より
96 ジョージ・アウグストゥス・ムーア『大枝のたわみ』より
98 マルクス・トゥリウス・キケロ『トゥスクラヌム論叢』より
100 ピエール・コルネイユ『ル・シッド』より
102 ナポレオン・ボナパルト『箴言と思想』より
104 フェルナン・カバリェーロの言葉
105 ジョルジュ＝ルイ・ルクレール・ド・ビュフォン『モンバールへの旅』より
106 アラビア人の言葉
108 ヴォルテール『ピエール・コルネイユの生涯について』より
111 アルトゥル・ショーペンハウエル『意志と表象としての世界』より
113 アンドレ・ジッドの言葉
115 オスカー・ワイルドの言葉
117 ギリシャ人の言葉
120 ジョージ・ハーバート『Jacula Prudentum』より
122 ラルフ・ワルド・エマーソン『自己信頼』より
124 エピクテトス『語録』より
126 勝海舟の手紙より
129 ダンテ・アリギエーリ『神曲』より
131 西郷隆盛『南洲翁遺訓』より
133 『新約聖書』より
134 夏目漱石『吾輩は猫である』より

137 アベル・ボナール『友情論』より
138 孔子『孔子家語』より
139 孔子『論語』より
141 岸田劉生『美の本体』より
142 三木清『人生論ノート』より
144 ヨハン・ヴォルフガング・フォン・ゲーテ『イタリア紀行』より
146 ラ・ブリュイエール『人さまざま』より
149 シャルル・ボードレール『火箭』より
150 太宰治『駈込み訴え』より
151 森鷗外『知恵袋』より
153 『韓非子』より
154 フランソワ・ド・ラ・ロシュフコー『箴言集』より
156 バートランド・ラッセル『幸福論』より
158 ストラボン『地理』より
160 ジラルダン夫人の言葉
163 ウォルター・サヴィジ・ランドー『我は誰とも争わざりき』より
164 ルキウス・アンナエウス・セネカ『摂理論』より
166 ヘンリー・デイヴィッド・ソロー『ウォールデン 森の生活』より
168 コルネリウス・ネポス『名士伝』より
170 若山牧水の言葉
171 太宰治『HUMAN LOST』より
173 種田山頭火の言葉

## 監修者紹介


**萱野稔人** かやの・としひと

哲学者、津田塾大学学芸学部教授。１９７０年生まれ。早稲田大学卒業後、渡仏。２００３年、パリ第十大学大学院哲学科博士課程を修了（博士・哲学）。哲学に軸足を置きながら、現代社会の問題を幅広く論じる。主な著書に、『国家とはなにか』（以文社、２００５年）、『カネと暴力の系譜学』（河出書房新社、２００６年）、『新・現代思想講義――ナショナリズムは悪なのか』（ＮＨＫ出版、２０１１年）、編著書に、『最新　日本言論知図』（東京書籍、２０１１年）、『現在知　ｖｏｌ・２――日本とは何か』（ＮＨＫ出版、２０１４年）などがある。


**写真**（五十音順、番号は掲載ページ）

amanaimages

10 16 18 26 30 38 40 46 50 52 58 62 68 72 76 80 82 96 100 102 106 112 114 116 120 122 128 144 146 148 158 162 168 172

江場左知子

70

渋谷健太郎

12 54 66 86 124 130 160

中島秀雄

20 136 164

森下光

22 98 156

吉村輝幸

28 36 42 48 74 92 134

---


**孤高《ここう》のことば**

強《つよ》く生《い》きる名言《めいげん》88

２０１４年９月10日　第１刷発行

監修者　萱《かや》野《の》稔人《としひと》

発行者　川畑慈範

発行所　東京書籍株式会社

〒１１４－８５２４　東京都北区堀船２－17－１

電話　０３－５３９０－７５００（編集）

０３－５３９０－７５３１（営業）

印刷所　図書印刷株式会社

デザイン　MORNING GARDEN INC.

編集協力　ラリー遠田

協　力　真山知幸





ISBN978-4-487-80909-7 C0090

出版情報　http://www.tokyo-shoseki.co.jp




---